探秘美洲

中国地图出版社◎编著

中国地图出版社

·北京·

图书在版编目（CIP）数据

探秘美洲 / 中国地图出版社编著 . -- 北京 ： 中国
地图出版社 ， 2024.11
ISBN 978-7-5204-4002-8

Ⅰ . ①探… Ⅱ . ①中… Ⅲ . ①美洲－概况 Ⅳ .
① K97

中国国家版本馆 CIP 数据核字（2024）第 009426 号

TAN MI MEIZHOU
探秘美洲

出版发行	中国地图出版社	邮政编码 100054
社　　址	北京市西城区白纸坊西街 3 号	网　　址 www.sinomaps.com
电　　话	010-83490076　　83495213	经　　销 新华书店
印　　刷	保定市铭泰达印刷有限公司	印　　张 7
成品规格	165mm×225mm	
版　　次	2024 年 11 月第 1 版	印　　次 2024 年 11 月河北第 1 次印刷
定　　价	29.80 元	
书　　号	ISBN 978-7-5204-4002-8	
审 图 号	GS 京（2024）0332 号	

本书中国国界线系按照中国地图出版社 1989 年出版的 1：400 万《中华人民共和国地形图》绘制
如有印装质量问题，请与我社发行公司联系调换

编　　著：中国地图出版社
策　　划：孙　水
责任编辑：杜金璐
封面设计：封超男
图片提供：视觉中国

图　例

◎ **巴西利亚**	外国首都	〜	湖泊
○ 里约热内卢	其他城镇	〜	海岸线
├─┼─┼─┤	洲界	〜	珊瑚礁
─────	国界	⁘⁘⁘	沙漠
〜	河流	▲ 5140(米)	山峰及高程
┼┼┼┼	运河	▪	火山

目　录

南美洲

美洲概况

① 西半球的"新大陆"——美洲

哥伦布发现的新大陆，
为什么取名叫美洲呢？

1492年，意大利航海探险家哥伦布横渡大西洋，成为历史上发现美洲大陆的第一人。哥伦布最先发现的美洲，为什么美洲没有被冠名为"哥伦布洲"，却被叫作"美洲"呢？

▲ 哥伦布第一次登上美洲大陆假想图

△ 西班牙女王——伊莎贝拉一世和哥伦布雕像

⊕ 美洲名字的由来

　　哥伦布出生于意大利著名的海港城市热那亚，从小和大海结缘，喜欢航海和冒险，并立志要做一名优秀的航海家。

　　在读过《马可·波罗行纪》后，他对于书中描绘的有着遍地黄金的中国、印度等东方国家十分向往。可是，当时从欧洲通往亚洲的陆上贸易道路被奥斯曼帝国控制。当大家都想着怎么绕过非洲，寻找通往亚洲的海上航线时，他提出一个大胆的设想：既然地球是圆的，想要到达东方的亚洲，我们为什么不选择从欧洲向西航行呢？

　　为了证明自己的猜想，哥伦布历经数十年至欧洲各国游说寻求赞助，最终获得了西班牙王室的支持。1492 年 8 月 3 日，满怀期待的哥伦布率 3 艘帆船从西班牙出发，开启他人生中最重要的一次航行探险。

　　在历经 70 多个昼夜的艰辛航行后，他终于发现了一座被群山和森林覆盖的小岛。内心无比激动的哥伦布以为他到达印度的梦想实现了，他登岛后还将这些土著居民称为印第安人。

事实上，哥伦布到达的是美洲的巴哈马群岛，这是一块欧洲人未知的"新大陆"。令人遗憾的是，因为当时欧洲人认为世界只有亚洲和欧洲，所以他们都确信哥伦布到达的地方就是亚洲。哥伦布甚至直到去世时，都一口咬定自己所到达的地方就是印度。

几年后，一位名叫亚美利哥的意大利航海家在对比分析美洲"印度人"及欧洲商人对亚洲风俗的记录后，发现两者存在明显不同。1499 年，亚美利哥跟随西班牙考察船航行。在去往美洲实地考察后，他坚信脚下这片陆地并不是哥伦布所认为的印度。它是地图上从未出现过的一块新大陆！

亚美利哥随即编制了美洲粗略地图，并编写了一本《海上旅行故事集》，还首次提出，美洲大陆是一块新大陆！这本书的出现，立即引起了整个欧洲地理学界的注意。后来，人们就用他的名字（Amerigo）命名了这块新大陆——亚美利加洲，简称"美洲"。

🔼 图为世界上最长的公路——泛美公路。该公路从北美洲北端的阿拉斯加向南到达南美洲南端的乌斯怀亚，全长约 48000 千米。

✛ 美洲在哪里

美洲位于西半球，总面积约 4220 万平方千米。它横跨南、北半球，大部分地区介于南、北极圈之间，是全球南北跨度最大的大陆。

整个美洲由两块较大陆地及其附近众多岛屿组成。两块大陆像

1 牙买加
2 海地
3 维尔京群岛(美)
4 维尔京群岛(英)
5 圣基茨和尼维斯
6 安提瓜和巴布达
7 瓜德罗普(法)
8 多米尼克
9 马提尼克(法)
10 圣卢西亚
11 巴巴多斯
12 格林纳达

▶ 美洲简图

双胞胎姐妹一般，看起来都像一个上宽下窄的三角形。它们的东西两侧面临两个大洋，分别是大西洋和太平洋。

　　不同的是，北美大陆北边濒临的是寒冷的北冰洋，西北与亚洲隔白令海峡相望。有研究者认为，一万多年前的印第安人，就是在冰河时期从亚洲穿过白令海峡来到美洲的。从南美洲的南边，穿过德雷克海峡就可以到达南极洲。

⊕ 美洲的划分

　　北美洲和南美洲是七大洲中的两个成员。那南、北美洲是怎么划分的呢？从字面意思上很容易理解为北美洲就是位于北半球的美洲部分，但这并不准确。

　　北美洲和南美洲并不是以赤道来划分的，而是以整个美洲大陆最

探秘美洲

︿ 位于美国和加拿大交界处的尼亚加拉瀑布

窄处——巴拿马运河为分界线的。

因此，北美洲指的是巴拿马运河以北的美洲部分，主要有美国、加拿大、墨西哥等国家。南美洲指的是巴拿马运河以南的美洲部分，主要有巴西、阿根廷、智利等国家。虽然巴拿马运河为南、北美洲分界线，且巴拿马首都也位于南美洲，但其还是被划分为北美洲国家。

那么，我们常听到的北美地区和拉丁美洲，又是怎么划分的呢？北美地区，通常指美国、加拿大和格陵兰岛等地区。而拉丁美洲简称拉美，是指美国以南的美洲地区，包括墨西哥、中美洲、西印度群岛和南美洲。

拉丁美洲的一些国家和地区在历史上曾为西班牙、葡萄牙的殖民地，因而其文化、习俗受这两国的影响比较大，其官方语言也多以属拉丁语系的西班牙语和葡萄牙语为主，故被称为拉丁美洲。

② 南北纵贯、东西有别的地形

南北纵贯的最长山系，
东西有别的复杂地形。

⊕ 南北纵贯的最长山系

在美洲大陆的西部有着绵延万里的山系，它就像一条巨龙静卧在美洲大陆的西部，这就是世界上最长的山系——科迪勒拉山系。

山系就是沿一定走向规律分布的若干相邻山脉的总称。科迪勒拉山系纵贯美洲大陆，北起阿拉斯加，向南绵延约 1.5 万千米至南美大陆南端的火地岛。组成科迪勒拉山系的一系列山脉总体呈南北或西北—东南走向。

那么，是谁创造了科迪勒拉山系？

科迪勒拉山系是在太平洋板块、南极洲板块与美洲板块共同作用下形成的。当太平洋板块、南极洲板块与美洲板

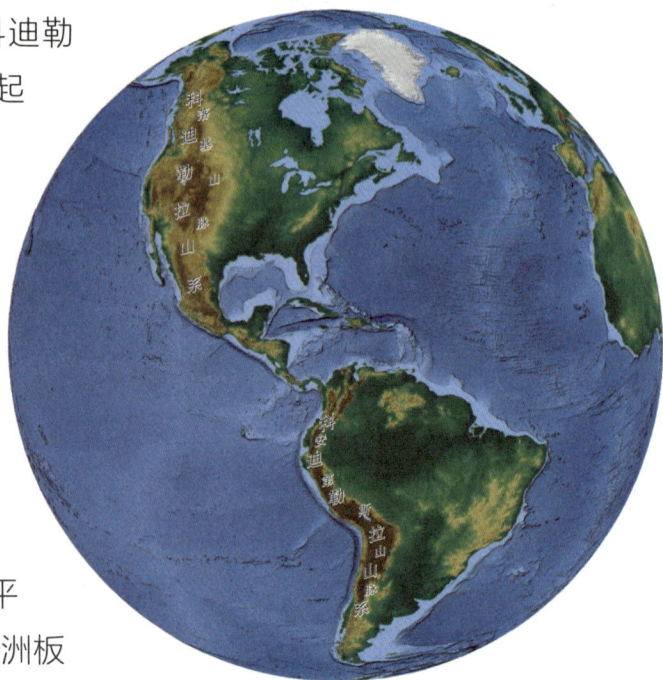

▲ 蜿蜒于美洲大陆西岸的"美洲脊梁"科迪勒拉山系

块发生挤压、碰撞，美洲大陆西岸的地壳隆起抬升，高大的落基山脉、安第斯山脉便应运而生了。与此同时，板块间的相互作用还导致该地火山、地震频发。

科迪勒拉山系按照南、北美洲可划分为明显的南、北两段。北段宽度明显大于南段，且越向南越窄。北段主体是由一系列呈南北走向、平行排列的山脉及山间高原、盆地共同组成。北段西部有临近太平洋的海岸山脉和有着北美洲最高峰——迪纳利山（麦金利山）（6190米）的阿拉斯加山脉。其东部有纵贯加拿大和美国西部地区，南北长约4800千米、海拔2000~3000米的数条平行山脉组成的落基山脉。

蔚为壮观的落基山脉，被称为"北美洲的脊梁"。落基山脉在漫长的形成过程中，经受了强烈的冰川作用，山脉中分布着诸多迥异而壮丽的冰蚀地貌，如冰川湖等。

⚠ 梦莲湖，一个曾被印在加拿大 20 加元纸币上，号称"世界上最上镜的湖泊"的冰川湖。其湖底因富含矿物质而呈现蓝绿色。

落基山脉不仅有气势恢宏的高山峭壁、广袤密布的针叶林和清澈湛蓝的冰川湖泊，沿线还有美不胜收的世界自然遗产，以及诸多世界著名的国家公园。

⚠ 班夫国家公园，加拿大第一个国家公园，宛如一颗藏在群山峰峦间的蓝宝石。在这里，你可以看到原始森林、冰川、雪山、湖泊等不同的风景。

探秘美洲

🔺 皑皑冰雪覆盖着山势雄伟的安第斯山脉

科迪勒拉山系南段的主干为素有"南美洲脊梁"之称的安第斯山脉。

安第斯山脉是世界上最长的山脉。它纵贯南美大陆西部，由巴拿马延伸至阿根廷，沿途跨越多个国家，总长度达 8900 多千米，平均海拔 3600 米，拥有 50 多座海拔超过 6000 米的高山。其中，阿根廷境内的阿空加瓜山海拔 6960 米，是南美洲的第一高峰，也是世界上海拔最高的死火山。

钦博拉索山是安第斯山脉中的一座死火山，位于赤道附近的厄瓜多尔中部，海拔 6310 米。

▲1802 年，德国著名地理学家洪堡攀登钦博拉索山时绘出著名的"山脉垂直植被分布图"，并称赞此山是"世界最巍峨之峰"。

⊕ 东西有别的复杂地形

　　和西部高大的山地相比，南、北美洲中东部地区的地势显著降低，地形类型也不同。

　　北美大陆以呈南北向纵列的三大地形区为主：西部高山区、中部平原区、东部高原山地区。中部平原区由北冰洋沿岸的哈得孙湾向南延伸至墨西哥湾沿岸，纵贯大陆中部。这是一片广袤而富饶的土地，是美国和加拿大重要的农业区。平原北部受冰川作用，形成了广阔而略有起伏的冰碛平原。平原南部则为大平原和密西西比河冲积平原。

在密西西比河入海口处，河流挟带的泥沙堆积成一个呈鸟足状的三角洲平原。

北美洲东部则是拉布拉多高原和阿巴拉契亚山地，虽为山地和高原，但因其形成年代较早，长期受到风、流水、冰川等的侵蚀作用，地势起伏已变得和缓。

与北美洲相比，南美洲中东部地区则呈现出平原与高原相间分布的特点。其中，最引人注目的是北部的亚马孙平原和中东部的巴西高原。

发源于安第斯山脉的世界第一大河——亚马孙河，裹挟着大量泥沙，经过长年累月的堆积，便形成世界最大的平原——亚马孙平原。亚马孙平原大部分地区位于巴西境内，总面积约 560 万平方千米，约占整个巴西国土面积的 1/3，亚马孙平原地势低平坦荡，海拔大多低于 150 米。

🔺 密西西比平原有丰富的水源、宽广平坦的地形和肥沃的土壤。这里在现代农业技术的加持下，成了美国的超级粮仓。

△ 亚马孙平原宛如一片林海，这里有着全球面积最大的热带雨林。

位于南美洲中东部的巴西高原，是除南极洲冰雪高原外，世界上面积最大的高原，面积有 500 多万平方千米。这里大部分地区海拔为 600～900 米，地表起伏和缓。巴西高原地势从东南向西北倾斜，著名的大崖壁就位于其东南边缘面向大西洋的崖坡之上。

△ 巴西高原边缘处常形成类似桌子状的急陡崖坡，这里常可看到瀑布、峡谷。

探秘美洲

③ 复杂多样、南北各异的气候

北美洲大陆性气候显著，
南美洲温暖又湿润。

　　你读过《绿野仙踪》这个童话故事吗？故事讲述的是家住美国中部堪萨斯州大草原上的小主人公多萝西，被龙卷风袭击，连同叔叔的房子一起被卷入空中，由此开启了漫长的奇幻旅行。美国素有"龙卷风之乡"之称，为何龙卷风格外地"偏爱"美国呢？

🔺 图为有"狂暴的舞者"之称的龙卷风。龙卷风是在天气极不稳定的状态下，空气强烈对流而形成的漏斗状空气涡旋，它的上部是一团乌黑的积雨云，下部的空气柱就像长在乌云上的大象鼻子。

⊕ 大陆性气候显著的北美洲

北美洲的气候与其独特的地理位置、地形等条件有关。

北美大陆四面环海，水汽充足；辽阔的中部地区地形以平原为主，地势低平，南北向鲜有阻挡气流的山峦高峰。于是，广阔的北美大陆中部地区成为冷暖气流频繁登陆的"表演舞台"。

夏季，受来自墨西哥湾和大西洋的暖湿气流影响，中部平原的大

🔺 密歇根湖南岸的芝加哥冬季常遭受暴雪袭击。受大气环流和湖陆风的影响，芝加哥又有"风城"之称。

部分地区高温多雨；冬季，受来自极地的寒冷气团的影响，中部平原的大部分地区气候干冷。这种冬夏冷暖气团的交替，使得北美大陆中部地区形成了面积广大、冬冷夏热的温带大陆性气候。

春夏之交，来自南部墨西哥湾的暖湿气流便"集结人马"，浩浩荡荡地冲向北美大陆，与来自西部落基山脉或北冰洋南下的干冷空气在中部平原相遇，它们一见面就激烈"争斗"起来，最终扭在一起形成了狂暴的龙卷风。

除了龙卷风，北美大陆还极易受另外两种天气现象的影响，它们分别是寒潮和飓风。

冬季，受势力强盛的北方寒冷气流影响，北美大陆中部地区气温骤降，多出现大规模的暴风雪、冻雨等天气，这种天气达到一定标准后，形成灾害，就称为寒潮。

飓风通常指形成于大西洋、东太平洋等洋面的强大的热带气旋。

🔺 图为飓风效果图

夏季，强烈的太阳辐射使得海面温度升高，近海面大量空气膨胀上升，形成低气压。其四周的空气在压力差的驱动下向低气压中心移动，受地球自转偏向力的影响，在北半球便形成了一个呈逆时针方向旋转的热带气旋，它发展到一定的强度则被称为"飓风"。

洋面上形成的飓风像旋转的陀螺一样，不断地向陆地方向前进。由于北美大陆东部、南部的地势较为开阔平坦，且距飓风源地较近，极易成为飓风登陆之地。飓风往往带来破坏力极强的狂风、暴雨和风暴潮，甚至引发洪涝灾害。

⊕ 温暖湿润的南美洲

南美洲是一块既温暖又湿润的大陆，除了西部高大的山地外，整

▲ 由于全年降雨频繁，热带雨林地区空气湿度大，终年云雾缭绕。

个南美洲最冷月的平均气温均在 0℃以上，没有寒带气候。南美洲绝大部分地区年降水量在 1000 毫米以上。

南美大陆东西最宽的地区位于赤道附近。越靠近赤道，气温越高，赤道低气压带盛行上升气流，易成云致雨，加之东面大西洋源源不断输送而来的暖湿气流，这里形成了全年雨量丰富的热带雨林气候。热带雨林气候区两侧则分布着有明显的干、湿两季，降水集中在热带草原气候区。

由于气候湿热，南美洲热带地区的大多数居民并没有居住在地势平坦的平原上，而是生活在地势较高的高原上。这是为什么呢？

原来，在热带地区，地势平坦的平原地区有点过于湿热了，不适合人类居住。而高原上，因海拔较高，气温较低，气候凉爽，夏无酷暑，冬无严寒，反而更适合人们居住。

4 河、湖、瀑：拥有众多的世界之最

"世界河流之王"——亚马孙河，

"北美大陆的地中海"——五大湖，

"雷神之水"——尼亚加拉瀑布，

这里拥有众多的世界之最。

⊕ 世界第一大河——亚马孙河

1541 年 12 月，西班牙探险家奥雷利亚纳率领一队人马，在南美洲西海岸的厄瓜多尔境内闯进了热带雨林，他们在河边就地取材造了一艘船，顺着奔腾的河水向东漂流。次年 8 月，历经重重困难后，他们到达了南美洲的东海岸。

你知道奥雷利亚纳漂流探险的大河是哪条吗？

这条横亘南美大陆北部的河流就是亚马孙河。亚马孙河发源于安

∧ 蜿蜒于广阔无垠的热带雨林中的亚马孙河

探秘美洲

第斯山脉东侧，由西向东浩浩荡荡地注入大西洋。

　　亚马孙河是南美洲第一大河，也是世界上流域面积最大、水量最丰富的河流。亚马孙河的流量究竟有多大呢？

　　我们把尼罗河、长江和密西西比河的流量相加，都远不及亚马孙河的流量。亚马孙河每年注入大西洋的水量占世界河流注入海洋总水量的 1/5，亚马孙河河口年平均流量为 22 万米^3/ 秒。

　　亚马孙河为何能拥有如此充沛的水量呢？

　　亚马孙河主要流经赤道南北两侧区域，这里终年高温，对流雨旺盛。亚马孙河西侧是高大的安第斯山脉，南北两侧分别为巴西高原和圭亚那高原。这种三面高、中间低，东面向大西洋敞开的地形特点，十分有利于大西洋暖湿水汽的深入，从而形成地球上最大的热带雨林气候区。亚马孙河流经的热带雨林气候区年降水量可达 2500 毫米。丰富的降水以及独特的地势格局，使得亚马孙河流域约 705 万平方千米的大地上，如枝杈般汇聚了上万条支流，从而形成了亚马孙河这条世界上流量最大、流域面积最广、支流最多的“世界河流之王”。

⚠ 亚马孙河流域面积约 705 万平方千米，众多的支流犹如血管一般遍布在流域内。

⊕ 世界上最大的淡水湖泊群——五大湖

在美国与加拿大交界处，有 5 个宛如"姐妹"般紧紧相连的湖泊。按照面积大小排序，它们依次是苏必利尔湖、休伦湖、密歇根湖、伊利湖和安大略湖。它们一起构成了世界上最大的淡水湖泊群。

五大湖水面辽阔，总面积达 24.42 万平方千米。其中苏必利尔湖为世界上最大的淡水湖，它的水域面积达 8.2 万平方千米。

五大湖不仅面积广阔，水量也很丰富。五大湖总蓄水量近 2.28 万立方千米，约占全球淡水湖总蓄水量的 1/5。因此，人们又称五大湖为"北美大陆的地中海"。

▲ 五大湖卫星影像图

探秘美洲

苏必利尔湖

休伦湖

密歇根湖

伊利湖

安大略湖

⚠ 五大湖景观

那么，五大湖是如何形成的呢？

五大湖湖盆是由第四纪冰期冰川刨蚀而成，随着冰川消退、冰雪融化，冰雪融水汇入湖盆，便形成了现在的五大湖。

五大湖虽有河道相互连通，但各湖水面高低不同，落差较大，多急流瀑布，闻名世界的尼亚加拉瀑布就位于此处。

⊕ 世界著名瀑布——尼亚加拉瀑布

尼亚加拉瀑布位于五大湖的伊利湖与安大略湖之间的尼亚加拉河中段。尼亚加拉瀑布与南美洲的伊瓜苏瀑布、非洲的莫西奥图尼亚瀑布并称为世界三大跨国瀑布。

尼亚加拉瀑布由尼亚加拉河跌落河谷悬崖而成。瀑布流至崖壁边被河心的戈特岛分割，一部分位于加拿大境内，一部分位于美国境内。

其中位于加拿大境内的"马蹄形"瀑布尤为壮观。尼亚加拉瀑布的水量十分丰沛。奔腾的水流从 50 多米的高处倾泻而下，发出震耳欲聋的轰鸣声，有雷霆万钧之势，因此得名尼亚加拉瀑布。在印第安语中"尼亚加拉"就是"雷神之水"的意思。

那么，如此恢宏壮观的大瀑布是怎样形成的呢？

这主要和尼亚加拉峡谷特殊的岩层构造有着密不可分的关系。

在尼亚加拉峡谷中，岩石呈水平层理分布，瀑布所在地的顶层岩石由坚硬的大理石构成，抗侵蚀能力极强，而顶层岩石之下则是易被流水侵蚀的松软沙质岩层。

于是，经过长年累月的流水冲蚀，这里就形成了一道高耸的陡崖。奔流的河水从顶端悬崖边笔直地飞泻而下，形成了声势浩大的瀑布，同时弹奏出响彻云霄的交响曲。

探秘美洲

尼亚加拉瀑布不但景色壮美，吸引了大量的游客，而且还蕴藏着丰富的水力资源。加拿大和美国在瀑布附近河段上分别建有大型水电站。

▲ 空中俯视尼亚加拉瀑布

北美洲

⑤ 加拿大：枫叶之国

火红热烈的枫叶，
洁白如童话的冰雪世界。

✛ 枫叶之国

加拿大素有"枫叶之国"的称号。为什么加拿大被称为"枫叶之国"呢？

加拿大位于北美洲的北部，绝大部分地区位于 41°N 以北，地处北温带与北寒带，全国各地遍布枫树。枫树在加拿大分布范围之广、品种之多堪称世界之最。

加拿大的"枫"景是极美的。每年的 9 月中旬至 10 月下旬，随着天气转凉、昼夜温差加大，枫叶变成了格外艳丽的颜色。漫山遍野的橘黄色、亮红色的枫叶开启了加拿大一年一度的色彩狂欢，交织成了一幅幅令人神往的秋意画卷。

加拿大枫树最多、枫叶最美的地方就属东南部的

∧ 在加拿大的国旗上，左右两侧的红色长方块象征着太平洋和大西洋，体现了加拿大特殊的地理位置，中间的红枫叶图案代表着加拿大人民心目中喜爱的国树——枫树。

探秘美洲

▲ 深秋的枫树，造就了加拿大"地球上最美的秋景"。

魁北克省和安大略省。贯穿两省之间的一条长达800多千米的公路就是著名的"枫叶大道"。沿着这条公路行驶，我们可以欣赏到不同层次、颜色逐渐变化的枫叶。

加拿大人对枫树如此钟爱还有另一个原因——枫糖浆。枫糖浆由枫树的树汁熬制而成。在众多的枫树品种中，能生产枫糖的只有两种：糖枫树和黑枫树。它们大部分都位于加拿大境内，加拿大也因此成为世界上最大的枫糖浆产地。

▲ 变红的枫叶

∧ 漫山遍野的枫林，层林尽染、色彩斑斓。

甜甜的枫糖浆也成了当地"枫"味十足的标志性产品。每年3月的枫糖节，加拿大的人们便聚在一起，采集枫树汁、品尝枫糖浆及各式"枫"味点心。

∧ 魁北克市，一座满城枫树且充满法式浪漫风情的古城，也是枫糖浆的原产地。

∧ 加拿大著名的"枫叶大道"

探秘美洲

↑ 枫树汁顺着小管，流入
挂在树干上的小收集桶中。

↑ 用春天采集的枫树汁熬制而成的枫
糖浆是小朋友们的最爱。

↑ 用枫糖浆可以制作香
甜可口的太妃糖。

✛ 冰雪的世界

加拿大的秋季是火红的、热烈的，而枫叶凋零之后的加拿大就是
冰雪的舞台了。

加拿大所处地区纬度较高，从 41°N 一直延伸到北极圈以北的
83°N 左右。较高的纬度使得该国大部分地区冬季长达 5 个月以上。

↑ 童话般的冰雪世界——冬季的蒙特利尔

北美洲

△ 巍峨的雪山、密布的针叶林以及绚丽的极光

　　加拿大的冬季气温低、降雪多。每年冬季来临，纷纷扬扬的雪花从天而降，铺满大地，与呼啸而来的凛冽寒风，共同装扮出壮丽辽阔的冰雪景象。这里有层峦叠嶂的雄伟雪山、银装素裹的针叶林、绚丽多彩的极光、神奇的亚伯拉罕冰泡湖……我想你一定会喜欢上这样的冬季仙境。

△ 亚伯拉罕湖神奇的冰泡：湖床植物释放的沼气因来不及涌出快速结冰的湖面而形成冰冻气泡。

　　　　　　　探秘美洲

▲ 加拿大人最喜欢的运动之一——冰球

　　从小生活在寒冷气候下的加拿大人早已习惯了冬季的寒冷，他们也逐渐养成了独具特色的生活方式。得天独厚的自然环境让冰球、冰壶和滑雪等成为加拿大最受欢迎的运动项目。加拿大曾两次成功举办冬季奥运会。

　　加拿大有一种独特且稀有的特产——冰酒。冰酒也被誉为加拿大的国酒。

　　据说，冰酒的起源要追溯到 1794 年，当时位于德国弗兰克尼的一家葡萄园遭遇了一场突如其来的霜害，让丰收在即的成片葡萄被"速冻"。当大家感到沮丧之时，一部分乐观的农民尝试用冷冻的葡萄继续酿酒，却意外发现这样酿出来的葡萄酒更为甘洌爽口、甜而不腻。这就是最早的冰酒。

　　受限于严苛的低温条件，冰酒在德国无法实现高产。而加拿大得天独厚的天然低温条件加上来自德国的冰酒酿造技术，使得加拿大成为全世界冰酒的最佳生产区之一。

◀ 左图：气温低于 -8℃时，葡萄藤上被冰冻的葡萄。
右图：为了追求极致的口感，人们赶在夜晚进行葡萄采摘。

6 美国："星条旗"下的大地

一个建国不到 300 年的国家，
是如何发展成为世界超级大国的？

一个国家的国旗一般不会随意进行更换。但世界上有这样一个国家，从诞生到现在，其国旗更换已有 20 多次，成为目前全世界更换国旗最频繁的国家，这个国家就是美国。为什么美国的国旗更换得如此频繁？这得从美国的历史说起。

⊕ "星条旗" 的演变史

1776 年 7 月 4 日，美国正式独立。次年，美国的第一面国旗正式诞生，国旗上 13 条红白相间的条纹和呈圆环排列设计的 13 颗五角星均象征着建国时的 13 个州。

▲ 美国 1777 年使用的国旗

独立后的美国开始不断地通过战争等各种方式，进行其版图的扩张。起初每有一个新州加入，国旗上就加一道条纹和一颗星。但随着美国的不断扩张，大量条纹出现在旗帜上，影响了国旗的美观。于是，1818 年美国国会通过了一个国旗修改方案：国旗上的 13 道条纹数量

现美国国旗旗面左上方蓝底上排列着 50 颗白色的五角星，其余部分为 13 道红白相间的横条。

一直保持不变，每增加一个新州，国旗上的蓝色块内就增加一颗白星。因此，星条旗上每一颗增加的星星，都是美国领土扩张的历史见证。

直到 1959 年，随着阿拉斯加和夏威夷群岛的加入，美国成为由 50 个州和 1 个特区组成的国家。美国的领土面积由建国初的 80 万平方千米增长到 937 万平方千米，国旗也正式演变为我们如今看到的星条旗，蓝色块中 5 排 6 颗、4 排 5 颗星星相互交错排列。

⊕ 机械化、科技化程度高的现代农业

根据联合国粮农组织公布的数据，2021 年美国粮食总产量为 5.71 亿吨，位列世界第二；粮食出口额达 1490 亿美元，粮食出口量占全球粮食出口量的 10%，为世界第一大粮食出口国。

美国本土大多地处温带地区，这是一片富饶的土地，尤其是落基山脉东侧的中央大平原。美国平原面积接近全国陆地总面积的一半，其耕地面积近世界总耕地面积的 1/10。

除了广阔的大平原，美国农业发展的有利条件还有：大部分国土位于温带和亚热带；密西西比河流域的肥沃土壤；密西西比河及五大湖带来了充足的灌溉水源等。

美国从事农业生产的人口仅占全国人口总数的 2% 左右，但他们通过运用先进的科学技术进行大规模的机械化生产，让大平原变为了

探秘美洲

⚠ 优越的自然条件、先进的农业技术等造就了美国发达的农业。

现代化的超级农场。这里生产的小麦、大豆、玉米等农产品每年都出口至全球各地。

⊕ 高度发达且完整的工业体系

美国的工业在 20 世纪初开始蓬勃发展。

依托五大湖沿岸丰富的铁矿资源、阿巴拉契亚山脉优质的煤炭资源，美国的钢铁、汽车、机械制造等传统工业飞速发展，位于美国东北部的芝加哥、底特律等城市得以迅速崛起。全球著名的福特汽车公司开启了人类工业史上流水线造车的时代，底特律也因此一度成为世界著名的汽车城。

1901 年，人们在美国南部休斯敦附近发现石油，由此引发墨西哥湾沿岸石油开采的狂潮，大量石油化工产业聚集于此，休斯敦因而得名"世界能源之都"。20 世纪 80 年代中后期，休斯敦及时调整产业结构，凭借其优越的地理位置（纬度较低，利于卫星发射；临近墨西哥湾，有便捷的海上交通等），成功

△ 正在太空中进行出舱作业的美国宇航员

^ "硅谷"聚集了上千家高新技术公司，如苹果、微软、谷歌等。

吸引美国国家航空航天局（NASA）入驻，并大力发展航空航天产业。目前，休斯敦是美国南部石油化工产业和航天研究中心。

20世纪80年代以来，在信息技术革命的推动下，美国转以知识密集型产业为主，并引领全球高新技术产业的发展。位于美国西部圣弗朗西斯科（旧金山）附近的圣克拉拉谷地，因早期研究和生产半导体芯片的基本材料——硅片而得名"硅谷"。得益于优美的环境、温和湿润的气候、斯坦福大学培育的大量高科技人才等，今天的"硅谷"已经是全球著名的高新技术产业中心。

加利福尼亚州南部的洛杉矶因适宜的气候和优美的自然风光，吸引了众多著名电影公司来此拍摄影视作品，洛杉矶也因此成为全球最大的电影工业中心。

∧ 由于美国许多著名的电影公司设立于"好莱坞"，使这里成为美国电影工业的代名词。

探秘美洲

7 墨西哥：玉米的故乡和仙人掌王国

一个以玉米为主食的国家，
一个流行吃仙人掌的国家。

你知道玉米最早诞生于哪里吗？答案就是墨西哥。玉米原是生长在墨西哥地区的一种野草，经过勤劳智慧的墨西哥人的培育，现在已成为世界三大粮食作物之一。

⊕ 玉米的故乡

墨西哥被称为"玉米的故乡"，玉米在墨西哥被认为是神赐予墨西哥人的神圣礼物。当地流传着一句谚语："有墨西哥人的地方，就一

▶ 墨西哥美食

北美洲

∧ 墨西哥种类繁多的玉米

定有玉米。"

　　每年在 7 月的最后一个星期，墨西哥人都会举行隆重的仪式，来庆祝玉米的丰收。

　　在墨西哥，我们不仅可以吃到深蓝色、紫红色的玉米，还能尝到红、蓝、绿、白、黄五色混杂排列的五彩玉米。

　　玉米既可以磨成粉，也可以制成爆米花。早在几千年前，墨西哥就流行吃爆米花了。聪明的墨西哥人把玉米粒放在烧热的陶罐里，利用高温使其爆裂，这样玉米粒就变成香甜酥脆的爆米花了。

∧ 墨西哥玉米卷色彩鲜艳，让人食欲大增。

　　墨西哥许多美食都是由玉米制成的，其中最受欢迎的当属墨西哥玉米卷了。墨西哥玉米卷是先将油炸的玉米圆饼卷成"U"形，然后再包裹上各种美味的馅料，如牛肉、蔬菜等，吃起来别有一番风味。

探秘美洲

⊕ 仙人掌王国

在墨西哥人的餐桌上还常常能看到一种神奇的美食，那就是仙人掌。仙人掌竟然可以吃？是的，在墨西哥，仙人掌是十分常见的食物。

墨西哥位于北美洲的南部，绝大部分地区位于热带，其北部荒漠地区气候炎热、降水稀少、阳光充足，是仙人掌的理想生长之地。

墨西哥盛产仙人掌，在全球已知的 2000 多个仙人掌品种中，墨西哥就占了一半以上，其中还有 200 多种是墨西哥特有的。因此，墨西哥又有"仙人掌王国"的美誉。

在墨西哥，我们能看到许多奇形怪状的仙人掌，有的像球拍，有的像柱子，还有的像圆球，千姿百态。其中还有一种高十几米、重 10

⬥ 仙人掌形似手掌，故名。图为在湖边岩石中生长的仙人掌。

△ 仙人掌的茎大多呈叶片形、长柱形或球 △ 形如烛台的巨型仙人掌
形，可储存大量的水分。

余吨的巨型仙人掌，它是墨西哥的标志性植物之一。

在墨西哥，仙人掌不仅是国花，还是国旗、国徽图案上的重要构成元素，仙人掌已然是墨西哥国家和民族的象征。

△ 墨西哥国徽：一只嘴里叼着蛇的神鹰伫立在仙人掌上。

墨西哥人食用仙人掌已经有数千年的历史了。鲜嫩的仙人掌叶片常被做成凉菜，颇似我国的凉拌莴苣，甘甜爽口。除了生吃和凉拌，人们还通过煎、炒、炖、煮、烤等烹饪方式，将仙人掌做成风味各异的菜肴。

仙人掌的果实是墨西哥的一种特殊水果。剥去果皮，露出的是带着籽粒的果肉，咬一口，味道清脆香甜。当人们口干舌燥、疲倦困顿时，来上几个仙人掌果，顿时感

探秘美洲

△ 翠绿鲜嫩、肉质肥厚的仙人掌叶片

△ 鲜嫩多汁、甘甜可口、颜色各异的仙人掌果

到神清气爽。仙人掌的果实不仅可以用于做饮料、果酱等，还可以制糖和酿酒。

仙人掌的木质坚硬，当地人用它做家具，还用它的纤维制作粗布。

墨西哥作为"玉米的故乡"和"仙人掌王国"，将这两种特产发挥到了极致，也让世界各地的游客陶醉其中。

8 古巴：加勒比海上的明珠

这里是墨西哥湾的钥匙，
加勒比海边的璀璨明珠，
世界糖罐和雪茄的故乡。

这里是哥伦布第一次到达时惊呼"人类眼睛所能看到的最美丽的地方"；这里是文学巨匠海明威的《老人与海》小说的原型地；这里就是蔚蓝色加勒比海上的一颗瑰丽明珠——古巴。

◈ 墨西哥湾的钥匙

古巴，全称古巴共和国，它是加勒比海地区最大的群岛国家，由古巴岛、青年岛等1600多个大大小小的岛屿组成。

从卫星影像图上看，古巴岛像一条匍匐在加勒比海中的"绿色鳄鱼"。

古巴扼守墨西

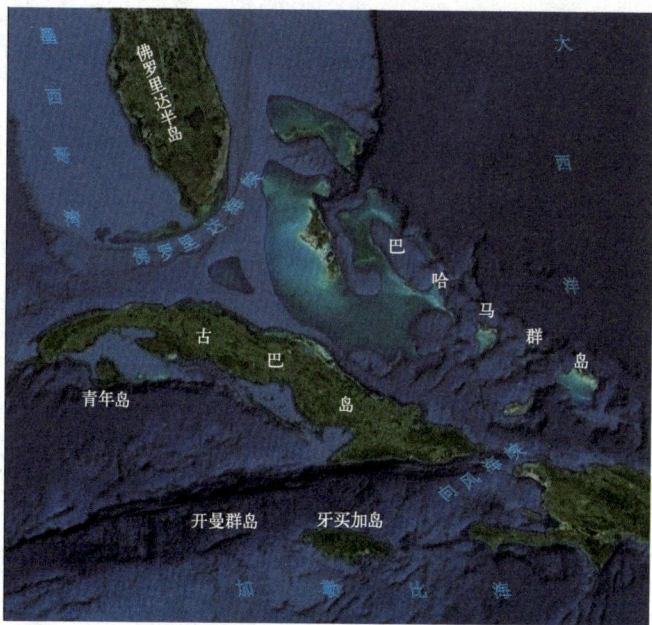

∧ 古巴岛位置示意图

哥湾通往大西洋的交通要道，又位于加勒比海进出大西洋的北部大门，因此得名"墨西哥湾的钥匙"。

⊕ 加勒比海上的明珠

　　古巴大部分地区地势平坦，东、中、西部多山地、丘陵。全境大部分地区属热带雨林气候，年平均气温25℃，气候宜人。这里有明媚的阳光、清澈的海水、雪白的沙滩，天然的海岛风光令人向往，也让古巴成为有名的旅游胜地。

　　古巴的首都哈瓦那是一座五彩缤纷的城市。在街道两侧，我们可以看到大量保存完好的西班牙式古老建筑，这些老建筑仿佛被淘气的小朋友们泼洒上了各种颜料，五彩斑斓。

🔺 有着"人间伊甸园"之称的古巴巴拉德罗海滩

探秘美洲

哈瓦那气势磅礴的各式建筑

　　哈瓦那街头亮丽的风景线还有什么呢？那就是色彩艳丽的古董级"老爷车"了。

　　穿行于哈瓦那的大街小巷，就好像走进一座专业的"汽车博物馆"。令人称奇的是，那些五颜六色的"老爷车"并不是用于收藏的，而是实实在在能正常行驶的。

　　为什么这里会有这么多的"老爷车"呢？原来，这些汽车大多都

哈瓦那五彩斑斓的老城建筑与色彩艳丽的"老爷车"

北美洲

是在 20 世纪 60 年代古巴革命之前进口的。古巴独立后，长期遭到美国的经济封锁，很难进口新车。加上本国也不具备生产汽车的能力，于是留下来的那些美式汽车经历了无数次修修补补，代代相传到现在。

⊕ "世界糖罐" 和雪茄的故乡

古巴全境大部分地区属热带雨林气候，全年光照充足、降水丰富。得天独厚的气候、肥沃的土壤和优质的水源为甘蔗种植提供了优越的自然条件。因此，在古巴流传着一句谚语："只要把切下来的甘蔗分成小块，种在土地里后就会长出一大片。"

每年甘蔗收割后，次年新的枝干就会如雨后春笋般破土而出、迅速生长，成熟后又可继续收割，这种"接力式"的生长可延续数年，其间都无须重新种植。

甘蔗是古巴最重要的经济作物，20 世纪 70 年代，蔗糖产量最高峰时曾年产 800 多万吨。制糖业也成为古巴的支柱产业，而古巴也因此被誉为"世界糖罐"。

优质的甘蔗糖蜜经过精心酿制，华丽变身为最受欢迎的古巴朗姆酒。这是一种纯天然美味可口的甘蔗糖酒，口感十分醉人。

大航海时代的到来，也让古

⌃ 莫吉托：一种由古巴朗姆酒、蔗糖、青柠檬汁、苏打水和薄荷五种原料调制成的鸡尾酒。

▲ 每一支雪茄的背后都有烟农们的辛勤付出。

巴雪茄在全世界火了。雪茄已经成为古巴的"名片"，古巴也被称为"雪茄的故乡"。

9 巴拿马：世界重要的"桥梁"——巴拿马运河

海洋上的"天生桥"，
贯通大西洋和太平洋。

在南、北美洲的陆地最窄处，一条运河横穿而过，贯通了大西洋和太平洋，这条运河就是被称为"世界七大工程奇迹"之一的巴拿马运河。

⊕ "世界桥梁"的诞生

1513 年，西班牙航海家巴尔沃亚跨过了巴拿马地峡，意外地发现了当时人们从未看过的大洋——太平洋。这让人们认识到，原来在大西洋和太平洋之间竟然仅隔着一条如此狭窄的地峡。兴奋的巴尔沃亚随即向西班牙国王提出了一个开凿巴拿马运河的大胆设想，但后来由于种种原因，运河开凿计划并未实施。

新航路开辟后，海上贸易日益繁荣。欧洲货轮

▲ 地峡就是连接两块较大陆地之间的狭窄地带，通常在地峡处开凿运河以沟通其两侧海洋。

探秘美洲

想从大西洋驶向太平洋，只能沿着漫长的海岸线行驶到南美洲的南端，再绕过麦哲伦海峡或德雷克海峡才能到达。

这条航线不仅要多走上万千米的"冤枉路"，还得冒着极大的危险。南美洲南端咆哮的寒风、滔天的巨浪和浮冰，对于海上航行的船只来说无疑就是一道道难关。

于是，开凿一条连接两大洋，既可缩短航程，又能避开危险的运河尤为迫切。

巴拿马地峡位于美洲大陆中部最窄之处，同时北临加勒比海，南濒太平洋，堪称美洲

△ 巴拿马运河的修建，使得轮船从美国圣弗朗西斯科（旧金山）驶往东岸的纽约整整缩短 13000 千米的航程，相当于环绕地球一圈的 1/3。

水陆交通的"十字路口"。优越的地理条件使得巴拿马地峡成为开凿运河的"天选之地"。

⊕ "世界桥梁"的修建

巴拿马地峡虽然是开凿运河的良好地段，但是想要凿出一条长 80 多千米，宽 150～304 米的运河也并不是一件容易的事情。

1878 年，法国获得了巴拿马运河的开凿权。1881 年，苏伊士运河建造者雷赛布被聘请担任巴拿马运河的首席工程师。然而雷赛布严重低估了运河的开凿难度，直接照搬苏伊士运河的修建方案，这导致

了法国人未能成功开凿巴拿马运河。

与地处平原的苏伊士运河相比，巴拿马运河沿线山峦起伏、地形复杂，要把沿途的山脉全部挖成与海平面同样高，工程量实在太大了。此外，湿热的雨林环境下蚊虫肆虐，数以万计的工人因患上疟疾和黄热病而丢失性命。最终，法国人不得不放弃这个已经施工9年的运河工程，并通过半卖半送的形式将巴拿马运河的开凿权转给对其垂涎已久的美国。

1904年，美国雇用了数十万劳工继续挖凿运河，并于1914年实现全线竣工和正式通航。

和法国人思路不同的是，美国设计者巧妙地利用了沿线的天然河道及地势特点，以地峡中段拦河修坝形成的人工湖——加通湖为中心，从两端继续开凿，再向中间收拢。由于湖面上的航线长度将近占了全程的一半，所以这种开凿方法极大地减少了开挖工程量。与此同时，也出现了一个新的难题：如何让轮船顺利翻过比两侧大洋高出20多米的加通湖呢？答案就是修筑船闸，这和我们熟悉的长江三峡大坝的原理是一样的。

在湖和两端的运河之间分别修建三级船闸，通过相邻水闸间的注

大西洋　　加通湖　　太平洋

△ 轮船通过巴拿马运河六级船闸示意图（全程约需9小时）。轮船通过每个闸门需要15分钟，而运河上共有6个闸门，这严格限制了通行数量。

水或放水使轮船上升或下降，这样来往的船只就能顺利地通过了。远远望去，运河上的一艘艘轮船就像在爬"水上楼梯"。

如今的巴拿马运河已成为世界上最繁忙的航运通道之一，截至

︿巴拿马运河船闸工作原理示意图（一）。轮船驶入和海平面水位一致的船闸。

︿巴拿马运河船闸工作原理示意图（二）。关闭水闸，注入水流，轮船随水位上升而抬升。

︿巴拿马运河船闸工作原理示意图（三）。当水位和下一级船闸齐平时开闸门，轮船顺利驶出，实现向上航行。

2022 年年底，巴拿马运河累计通行 14239 艘船。巴拿马运河也极大地促进了巴拿马经济贸易的发展。据统计，2021 年，巴拿马运河一年的总收入约为 33 亿美元，是巴拿马政府的重要经济来源。

随着全球经济的快速发展，货运需求日益攀升，巴拿马运河新船闸于 2016 年完成扩建，最大载货量提升至原来的 3 倍。

黄石公园：世界上第一个国家公园

世界上最大规模的超级火山口，

藏着五彩斑斓的地热奇观。

你还记得电影《2012》中那一场始于黄石公园火山大爆发的世界灾难吗？现实中的黄石公园是什么样的呢？

黄石公园坐落于落基山脉北部和中部山间的熔岩高原之上，大部分位于美国怀俄明州西北部。黄石国家公园面积为 8983 平方千米，

△ 美国于 1872 年建立了世界上第一个国家公园——黄石公园。

它是美国人心目中"地球上最独一无二的神奇乐园",也是世界上最早建立的国家公园。

⊕ 热气腾腾的间歇泉

这里最壮观的风景当属间歇泉了。公园里随处可见不断喷涌而出的炽热水柱,云蒸雾绕,如梦如幻,仿佛人间仙境。

老忠实泉是众多间歇泉中的典型代表。据统计,老忠实泉大约每隔90分钟喷发一次,一次喷发持续约4分钟。这种有规律地喷发已经持续了200年,因此取名"老忠实泉"。

"不喷则已,一喷惊人","老忠实泉"能将大约30立方米、温度高达90℃的热水喷射到50多米高,令人惊叹不已!

公园内令人瞩目的还有美国最大、世界第三大的温泉——大棱镜

▲ 水柱冲天的老忠实泉是世界著名的间歇泉之一。

▲ 一只镶嵌在黄石公园中的蓝绿色大眼睛——大棱镜温泉，它被誉为"地球上最美丽的表面"。

温泉，又称大彩虹温泉。它的宽度为 75～91 米，水深达 49 米，每分钟能涌出约两吨 70℃的地下热水。

从高空俯瞰，我们会发现温泉由内向外依次呈现出蓝、绿、黄、橙、红等多种颜色，仿佛上帝不小心打翻了调色板，才挥洒出这一幅五彩斑斓的温泉油画。

为什么黄石公园会有如此多的温泉呢？

这是因为黄石公园本身就位于一个活火山口上。这里的地热活动极其活跃，埋藏于地下深处的炽热熔岩仿佛一个天然的"火炉"，不断地将地下水"烧热"，当岩层中积聚的沸腾热水、滚滚蒸汽经地表

▲ 黄石公园内的猛犸热泉——世界上最大的碳酸盐沉积温泉，宛如一片"彩色梯田"。

裂缝喷发而出，便形成了雾气缭绕且千态万状的温泉。

⊕ 雄伟壮丽的黄石大峡谷

千万年以来，大自然的鬼斧神工不仅造就了这里绚丽多彩的温泉群，还塑造出了雄伟壮丽的黄石大峡谷。

由黄石湖流出的黄石河将群山切开，河水常年下切侵蚀，最终刻画出一条长 38 千米、深 400 米的险峻深邃的"V"字形峡谷。汹涌澎湃的河水穿行于峡谷中，跌落悬崖飞流直下，形成了恢宏壮丽的上瀑布和下瀑布。轰鸣的水声不绝于耳，仿佛龙吟虎啸。两岸崖壁上露出的火山岩，以橙黄色为主，夹杂着绿、紫、红、棕、灰等颜色，五彩缤纷、光怪陆离。

∧ 黄石大峡谷是黄石公园最壮美的景色之一。

∧ 黄石大峡谷光怪陆离的火山岩

北美洲

⊕ 野生动物的天然乐园

　　黄石公园不仅有美丽的自然风光，它还是美国本土最大的野生动物保护区。在这里我们可以看到成群结队在草原上嬉戏的美洲野牛，在此定居生活了上千年的"四不像"——麋鹿，曾经被大量捕杀、险些灭绝的灰狼，长了一对螺旋盘状犄角的大角羊，主要在白天出没、平时行走缓慢的棕熊，以及擅于攀爬和跳跃的"体育健将"——美洲狮等。

⌃ 成群的美洲野牛

⌃ 美洲狮，又称美洲金猫

⌃ "四不像"——麋鹿

探秘美洲

为了保护这里的自然环境和生态系统，黄石公园于 1978 年被列入《世界遗产名录》。

∧ 棕熊

∧ 擅于在崎岖岩石上奔跑的大角羊

∧ 昼伏夜出的灰狼

南美洲

⑩ 走进南美洲

从自然环境到人文习俗，

多样性是它的标签，

复杂性是它的内涵，

这些共同造就了一个神奇的大陆。

⊕ 位置与构成

▲ 南美洲简图

人们在美洲大陆中部巴拿马地峡处修建了巴拿马运河。后以此运河为界，运河以北为北美洲，运河以南为南美洲。

南美洲共有 13 个国家和地区，其中巴西面积最大。

⊕ 自然环境

南美洲地势整体上西高东低，与北美洲大致相同。西部的安第斯山脉纵贯整个南美大陆。大陆东部的广大地区主要是平原、丘陵和低缓的高原。

南美洲是最温暖湿润的大洲。北部亚马孙平原为热带雨林气候，全年高温多雨；巴西高原为热带草原气候，具有明显的干季和湿季；西部安第斯山区为高原山地气候，气温垂直差异大，山顶有永久积雪和冰川分布。

因而，这片大陆上有郁郁葱葱的热带雨林、雄伟壮丽的高大山脉、宽广无垠的平原草地，以及数量众多的河流……多种多样的自然景观展示着这片大陆的神奇与独特的魅力。

南美洲还拥有众多的"世界第一"，如世界上水量最大的河流——亚马孙河，世界上最长的山脉——安第斯山脉，世界上最干旱的沙

🔺 安赫尔瀑布又叫天使瀑布，位于委内瑞拉奥扬特普伊山的隐秘处。桌形山峰的顶部平坦，边缘陡峭，水流在这里急速坠落形成瀑布。

南美洲

漠——阿塔卡马沙漠，世界上落差最大的瀑布——安赫尔瀑布等。安赫尔瀑布的落差达到了惊人的 979 米！由于落差太大，在水量少的季节，有时水在落到谷底前，就已在空中消失了。

潘塔纳尔湿地是世界上最大的湿地，它位于南美大陆的中心地带，由浅湖、沼泽、草原和森林等组成。数千种野生动物定居于此，包括许多濒危物种。

南美洲自然资源极其丰富。这里不仅有茂密的森林、巨大的水能资源，还有丰富的矿产资源。其中，有色金属、铁、石油等储量巨大。

🔺 潘塔纳尔湿地鸟瞰图

探秘美洲

⚠ 美洲豹又称美洲虎，图为生活在潘塔纳尔湿地的美洲豹。

⚠ 种类繁多的鸟类也栖息于潘塔纳尔湿地。有的常年待在湿地，有的则随着季节的变化而迁徙。彩虹巨嘴鸟有超大、五颜六色的喙，这使它成为世界上最受欢迎的鸟类之一。

⊕ 人文环境

南美洲的人口分布极不均衡，大部分人居住在大陆西部或东部的沿海地区，而广大的热带雨林和阿根廷南部的干旱地区则人口稀少。

南美洲是一个多语言的大陆。人们使用最多的语言是葡萄牙语和西班牙语。葡萄牙在巴西进行了长达几百年的殖民统治，葡萄牙语成为巴西的官方

⚠ 鳄梨又名牛油果，哥伦比亚是南美洲最大的鳄梨生产国。

∧ 安第斯山区可爱的美洲驼

∧ 南美洲主要语言分布示意图

语言。而其他国家在独立前多为西班牙的殖民地，通用西班牙语。当地原本的语言也被广泛使用，在秘鲁、厄瓜多尔、玻利维亚等地，人们也广泛使用克丘亚语。

长期以来，当地的欧洲人、印第安人、非洲人等相互通婚，形成了混血人种。不同文化在这里也相互融合，形成了南美洲独具魅力的文化。

探秘美洲

11 巴西：因树得名的国家

亚马孙河，幽静宽广。

桑巴狂欢，热情奔放。

魅力巴西，足坛称王。

✧ 巴西的诞生

世界上水量最大的河流在它的怀抱内畅意流淌；世界上面积最大的热带雨林是它的宝贵财富；它的国境线上有世界最宽的跨国大瀑布；它的狂欢节吸引无数游客纷至沓来；它的足球队在世界杯上屡次夺冠，为它赢得"足球王国"的美誉……它就是巴西。

巴西位于南美洲东部，东临大西洋。巴西的面积几乎占了南美洲面积的一半，国土面积居世界第5位。

1500年，葡萄牙航海家卡布拉尔来到这里，将这片土地

▲ 巴西地形简图

南美洲

命名为"圣十字架"，并宣布归葡萄牙王室所有。后来，葡萄牙人发现这里生长着一种用途广泛的树种——巴西红木。巴西红木被砍伐后大量供应欧洲市场，"红木（Brasil）"也逐渐成为该地的名片，巴西因此而得名。

此后，大量移民自欧洲、非洲、亚洲等地迁入，白色人种、黑色人种、黄色人种在这片土地上朝夕相处。不同种族之间相互通婚，形成了大量混血人种，因此巴西也被称为"种族大熔炉"。欧洲文化、非洲文化、亚洲文化汇聚于此，不同文化相互借鉴，相互融合，再以一种全新的形式呈现在人们的面前。

⊕ 地球之肺

巴西西北部是原始而神秘的，这里有一个响亮的名字——亚马孙。

▲ 亚马孙热带雨林是一片人迹罕至的神秘之地，同时又是世界上最富有生机和活力的地方。这里生活着数百万种生物，有些在世界上其他地方被视为稀有的物种，在这里几乎随处可见。

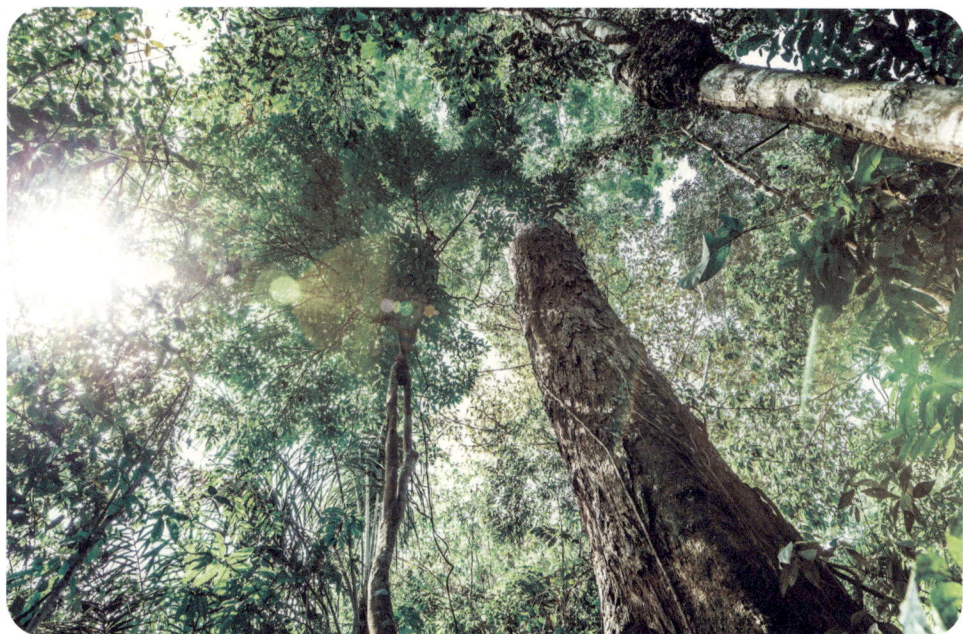

△ 亚马孙热带雨林生态系统由 250 万种昆虫、2000 多种鸟类和哺乳动物、2000 多种淡水鱼、数以万计的植物以及不计其数的微生物组成。

亚马孙河是长度仅次于尼罗河的世界第二长河，但它的支流数量、流域面积和流量却是无与伦比的，这得益于全年高温多雨的热带雨林气候。亚马孙河终年奔腾不息，水量丰沛，因此也被称为"世界河流之王"。

亚马孙平原是世界上最大的冲积平原。除邻近安第斯山麓的小部分在其他国家外，大部分在巴西境内。平原之上是广袤无垠的亚马孙热带雨林，被称为"地球之肺"。

亚马孙热带雨林是地球上生物多样性最丰富的地区之一。数以万计的动植物以及不计其数的微生物生活在这片雨林中，共同构建和维持着这个庞大而充满活力的生态系统。这里植被十分茂盛，遮天蔽日，阴暗潮湿。身处其中，人们很难看见天空，而脚下则布满苔藓，一不小心就会摔一跤。这里还有很多虫蛇出没，行走其间，可谓是"步步惊心"，因此人们称它为世界上最危险的森林。

✛ 狂欢节之都

巴西东南部主要是巴西高原及沿海平原，这里是巴西主要的人口聚居地和工农业生产地。这里充满激情与浪漫，许多著名的城市如里约热内卢、圣保罗等都位于此处。

狂欢节通常在每年的 2 月中旬或下旬举行，在此期间人们会举办一系列热闹的游行和庆典。狂欢节是巴西最重要的活动之一。巴西里约热内卢的狂欢节是目前世界上规模最大的狂欢节，每年吸引数百万国内外游客。节日期间，人们会穿上各式各样的衣服，载歌载舞，场面蔚为壮观。

▲ 魅力四射的桑巴舞、美轮美奂的华服、稀奇古怪的面具、五颜六色的花车、狂热的游行队伍……这就是著名的巴西狂欢节！

✛ 新建一个世界遗产

巴西的建国史并不是很长，却多次迁都——巴西利亚已经是这个国家的第三个首都了。巴西为什么要迁都呢？

　　1955 年巴西国会正式通过迁都决议，并给出了三点理由。首先，原首都里约热内卢城市规模不断扩大，人口快速集中，一系列环境问题日益凸显，严重制约了城市健康有序发展。其次，巴西广大的内陆地区地广人稀，开发程度低。将首都向中西部内陆地区迁移，可以更好地带动内陆地区经济发展。最后，新都地址选在中部高原，那里气候宜人，四季如春，适合居住。

　　1956 年，新的首都开始建设。作为世界城市规划史上的一座里程碑，巴西利亚在不到四年的时间里从巴西中西部地区一个空旷高原上拔地而起。从空中俯瞰，城市核心区域形似一架飞机或一只展翅飞翔的大鸟，这象征着巴西是个正在蓬勃发展的国家。城市的区域分工井井有条，如行政区、商业区、住宅区和文化区等。巴西利亚新颖而富有创意的建筑吸引了许多游客。由于在设计理念、建筑特色上的独创性，巴西利亚这座新兴的现代化都市于 1987 年被列入《世界遗产名录》。

▶巴西利亚在城市设计上独树一帜，融世界古今多种建筑风格于一体，故有"世界建筑艺术博物馆"的美称。

南美洲

⊕ 足球王国

巴西是闻名遐迩的"足球王国",其国家足球队曾多次获得世界杯冠军。足球已成为巴西人生活的一部分,孩子们赤脚在街头巷尾尽情地踢球玩耍,大人们在日常生活中喜欢聊一聊自己支持的球队和喜爱的球员。

孩子们从小就接触足球,这项运动培养了孩子们公平、坚持、拼搏等良好品质——无论是在场上还是场外。很多孩子尤其是贫困家庭的孩子的理想,都是成为一名足球运动员,像他们的偶像贝利、罗纳尔多、罗纳尔迪尼奥等巨星一样。

巴西海岸线长,沿海沙滩众多,人们也热衷于沙滩足球运动。这从客观上使得人们的足球水平得到提升,就像负重训练的运动员,一旦轻装上阵,自然是发挥得更好。

◀ 巴西人热爱的足球与美丽的海滩完美结合在一起。

▶ 巴西街头,孩子们把踢足球当成游戏,在玩耍中不断提升技巧。

⑫ 阿根廷

潘帕斯雄鹰展翅翱翔，
探戈舞引领世界风潮。

⊕ "名不副实"的"白银之国"

哥伦布发现新大陆以
后，来自欧洲的探险家、航
海家便对这块新大陆不断地
进行探索。1527 年，西班牙
航海家卡伯特率领的船队发
现了一个宽阔的河口。他们
沿河口深入，惊讶地发现当
地土著人身上佩戴着许多银
质饰品。他们欣喜若狂，以
为这里有他们梦寐以求的银
矿。于是，这条大河被命

▲ 阿根廷简图

名为拉普拉塔河，其流经的区域被称作阿根廷。在西班牙语里，"拉
普拉塔"和"阿根廷"皆意为"白银"。但事实上，这里并没有储
量丰富的银矿，土著人佩戴的银饰主要来自北边的玻利维亚和秘鲁
等地。

阿根廷地处南美洲东南部，东临大西洋，是南美洲面积仅次于巴

西的国家，也是世界陆地面积第八大的国家。

这是一片神奇而美丽的土地。阿根廷北部遍布山林与沼泽；中东部是广阔无垠的大平原，绿草茵茵，牧场众多；西部是绵延高耸的安第斯山脉。邻近阿根廷与智利边境处，海拔 6960 米的阿空加瓜山，是南美洲第一高峰，也是整个西半球的最高峰。南部巴塔哥尼亚高原则远离尘嚣，人烟稀少，满目荒凉而又壮丽神奇。

⊕ "世界粮仓与肉库"

阿根廷是世界重要的农牧产品生产国和出口国，其农牧业生产水平高、规模大，农产品品种多、品质优，主要农产品有小麦、玉米、

葵花籽、大豆、牛羊肉等。由于产量大，国内市场较小，产品大量出口，阿根廷被称为"世界粮仓与肉库"。

这些农产品的主要产地就是大名鼎鼎的潘帕斯草原。潘帕斯草原地广人稀，草类茂盛，气候温和，土壤肥沃，全年大部分地区都可以尽情地养牛、牧羊。再加上这里距离海港近，交通便利，潘帕斯草原成为阿根廷重要的农牧业区。

⊕ 四大国宝

阿根廷人爱吃烤牛肉，爱喝马黛茶。阿根廷有大量欧洲移民的后裔，所以其饮食文化也保留了欧洲西餐的传统。肉食方面主要以牛肉

⋀ 烤牛肉

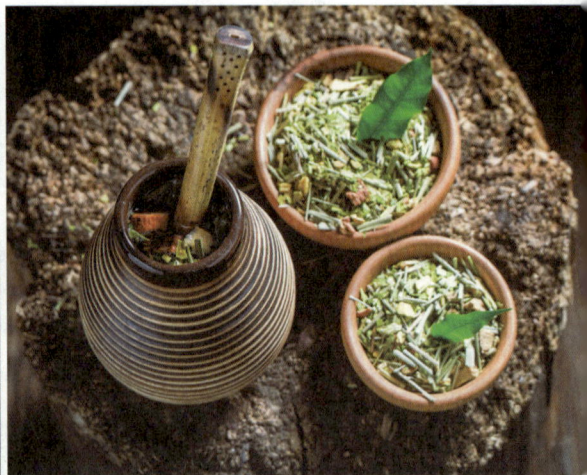

⋀ 马黛茶

为主，最受欢迎的烹饪手法则是烧烤。阿根廷人还将一种茶视为每天必不可少的健康饮品，这种茶就是马黛茶。喝马黛茶是有讲究的，茶叶要泡在葫芦状的水杯里，用一个带过滤网的吸管来喝。

　　阿根廷人热衷于两项运动，一是跳探戈，二是踢足球。在18世纪末至19世纪初，大批移民来到布宜诺斯艾利斯，来自欧洲、非洲等的表演艺术形式逐渐融合，形成一种独具魅力的艺术形式——探戈。它将音乐和舞蹈结合，并发展成为一种重要的社交活动形式。探戈成为阿根廷的国粹，它从布宜诺斯艾利斯传播到整个阿根廷，然后席卷拉丁美洲，进而风靡全球。

　　阿根廷人在足球场上也同样热情奔放，潇洒随意，如同在潘帕斯草原上驰骋的骏马。阿根廷国家足球队曾两次获得世界杯冠军，多次获得世界杯亚军，是国际足坛上赫赫有名的"潘帕斯雄鹰"。阿根廷涌现出一大批天才球员，如球星马拉多纳和梅西。

⚠ 人们在跳探戈。

⚠ 人们在踢足球。

⊕ "巨足" 之地

1519 年，麦哲伦船队航行到南美大陆南端，看到当地土著居民穿着胖大笨重的兽皮鞋子，在海滩上留下巨大的脚印，便将此地命名为巴塔哥尼亚，即西班牙语中"巨足"的意思。

巴塔哥尼亚高原北濒科罗拉多河，西接安第斯山脉，东临大西洋，南濒麦哲伦海峡，面积辽阔。在巴塔哥尼亚高原西部，雪峰与火山并存，冰川同密林共处，湖泊和沼泽镶嵌其中，有大量令人向往的美景。巴塔哥尼亚高原东部则是以辽阔的台地为主的荒漠和半荒漠高原，自西向东倾斜，并以陡峭的悬崖直逼大西洋。

由于纬度和地势较高，气候寒冷，巴塔哥尼亚高原上有一片为冰雪所覆盖的陆地，它是除南极洲和格陵兰岛之外的全球第三大冰原。

佩里托莫雷诺冰川耸立于巴塔哥尼亚冰川国家公园碧绿的冰川融水之上，呈现出耀眼的白色和冷蓝色调。在公园里的观景台上，你距

⌃ 冰川、湖泊、山脉、草原和荒漠都是巴塔哥尼亚地区的真实写照。

⌃ 佩里托莫雷诺冰川前沿的冰墙，直伸入阿根廷湖中。高出湖面 74 米的巨大冰川，像是湖水里拔地而起的高山，被称作"白色巨人"。

离它如此之近——甚至可以感觉到冰川输出的冷空气。因全球气候变暖，很多冰川都在萎缩甚至消失，而佩里托莫雷诺冰川仍在增长，绵延 30 多千米的冰川仍在以每天 30 厘米的速度向前推进。当然，冰川整体位置并没有明显变化，因为其前端会有大块冰块断裂并坠入水中，冰块断裂时发出巨大的轰鸣声并掀起巨浪，气势宏伟，场面壮观。

⊕ 南美第一奇观

在巴西与阿根廷的交界处，有一道世所罕见的大瀑布——伊瓜苏瀑布。它是世界上最宽的瀑布，被誉为"南美第一奇观"。

伊瓜苏瀑布两侧的峡谷覆盖着茂密的热带丛林。这里 275 个大大小小的瀑布组成世界上最大的瀑布群，洪水期连成一片，呈马蹄形，宽度则达到了令人惊叹的 4000 米！巨大的水流倾泻而下，平均落差将近 80 米，空气中弥漫着白茫茫的水雾，轰鸣的水声可传至几千米之外。

△"五丈以上尚是水，十丈以下全为烟。"作为世界上最宽的瀑布，伊瓜苏瀑布带给世人的是千军万马奔腾而下的视觉冲击效果。

✥ 世界尽头

色彩明亮的建筑、大大小小的船只、红白相间的灯塔，还有周围风景如画的群山——这里便是乌斯怀亚。

乌斯怀亚位于南美洲南端的火地岛比格尔海峡沿岸，是火地岛省的行政中心。乌斯怀亚是世界上最南端的城市，从这里到南极大陆最近的地方只有 800 千米，因此人们又把乌斯怀亚称为"世界的尽头"。

乘船沿着比格尔海峡航行，你将有机会看到海豹、鸬鹚、巴布亚企鹅等。海岸边，你还可以欣赏到大自然的杰作——旗树，在持续强风的作用下，旗树的树冠只分布于一侧。位于比格尔海峡的一座礁石岛上的红白相间的宜科来日斯灯塔，建于 1920 年，是驶往南极洲的船只通过的最后一座灯塔，因此它被称作"世界尽头的灯塔"。

⚠ 乌斯怀亚依山面海而建。清冷的空气和抬眼处白雪皑皑的山峰，让人们可以依稀地感受到一丝南极的气息。

探秘美洲

⌃ 旗树

⌃ 红白相间的灯塔，矗立在一座孤零零的礁石岛上。

⊕ "南美洲巴黎"

位于拉普拉塔河入海口的布宜诺斯艾利斯，以其优越的地理位置、适宜的自然环境、悠久的历史文化，成为潘帕斯草原上光彩夺目的一颗明珠。

⌃ 五月广场被阿根廷人视为共和国的神经中枢。其前身是"大广场"（或称"胜利广场"），与布宜诺斯艾利斯城同时诞生，已经有 400 多年的历史。

布宜诺斯艾利斯拥有 700 多家书店，是世界上人均书店最多的城市。雅典人书店，被认为是世界上最美丽的书店。图为雅典人书店。

16 世纪初，一支西班牙探险船队经过长途跋涉，驶入风平浪静的拉普拉塔河口，船员在疲惫之余感受着灿烂的阳光，呼吸着清新的空气，大家不禁感叹："布宜诺斯艾利斯！"（西班牙语意为"多新鲜的空气！"）这一赞美之词日后就成了这座城市的名称。

布宜诺斯艾利斯是一座开放的城市，居民主要是来自西班牙和意大利等欧洲各国移民的后裔。城市拥有宽阔的林荫大道、新古典主义风格的建筑和众多的博物馆、广场、纪念碑、雕塑等，处处洋溢着艺术气息，布宜诺斯艾利斯也因此赢得了"南美洲巴黎"的称号。

⓭ 智利：天涯之国

南美洲南部，
安第斯山脉西麓，
一个天涯之国。

⊕ 狭长的国土

　　智利位于南美洲西南部，地处安第斯山脉与太平洋之间的狭窄通道上。其东邻玻利维亚和阿根廷，北接秘鲁，南隔德雷克海峡与南极洲相望。智利南北长 4352 千米，东西距离最近处不足 100 千米，是世界上领土最狭长的国家，被称为"玉带之国"。

　　这种狭长的国土分布特点使得智利海岸线漫长，渔场广布，盛产三文鱼和鳟鱼。智利南北跨越多个气候区，从火热的沙漠到寒冷的冰原，自然景观差异巨大。此外，安第斯山脉森林资源丰富，木材品质优良，因而智利是南美洲最大的林产品出口国。

△ 智利地形简图

南美洲

✛ 世界干极

智利北部的阿塔卡马沙漠是世界上最干旱的地区之一，被称为"世界干极"。沙漠中有些地方几百年来没有下过一滴雨，是典型的不毛之地，连一般沙漠中常见的仙人掌、蜥蜴之类的生物都在此销声匿迹。

这里空气干燥、天气晴朗、能见度高，是一处绝佳的天文观测场所。各国天文台纷纷寻求与智利合作，将自己的大型天文望远镜布置于此。由于具有极端干旱、盐度高等特征，这里被认为是地球上酷似火星的地区。

🔺 阿塔卡马沙漠中的盐沼是著名的火烈鸟自然保护区。在这里，你可以欣赏到成群结队的火烈鸟。

▲ 智利版的"五指山"，位于阿塔卡马沙漠中央。

▲ 在阿塔卡马沙漠，星星、星云、银河，甚至整个星系都是肉眼可见的。

✛ 荒凉而壮美的礼物

　　百内国家公园位于智利西南部的巴塔哥尼亚高原上。公园景色绚丽迷人，被誉为"人们一生中必须要去的地方"之一。

　　公园内高耸的花岗岩山峰掩映着碧绿的湖泊，茂密的森林和辽阔的冰原为世界各地热衷于徒步穿越的"背包客"提供了一场视觉盛宴。除了自然美景，这里还是众多珍稀野生动物的家园。这里不仅有憨态可掬的羊驼，还有美洲狮、灰狐等其他数百种野生动物。

▲ 原驼是家养骆驼和羊驼的祖先。它们脖子修长，四肢纤细，奔跑速度极快。

南美洲

△ 诺登斯奇奥湖是百内公园里最大的湖泊，湖水主要是由附近山上的冰雪融水汇集而成。由于水中含有大量岩石颗粒和矿物质，湖水在阳光的照射下，呈现出奇异的蓝色。

⊕ 适宜种植车厘子的气候

　　智利南北气候差异显著，从北向南大体可分为三种气候：热带沙漠气候、地中海气候、温带海洋性气候。其中，中部地区地中海气候的主要特点是冬季温和多雨、夏季炎热干燥。在植物生长期间，这里光照充足，昼夜温差大，十分适宜车厘子、葡萄等水果的种植。

　　此外，智利冬季还会下雪，积雪会冻死多数害虫，大大降低了水果种植区受病虫害侵袭的可能性。

△ 智利车厘子口感甜美多汁，色泽鲜艳，是国际水果市场上的抢手货。

探秘美洲

⑭ 哥伦比亚：南美洲门户

因哥伦布而得名，
扼南美战略要冲。
氤氲着咖啡的香气，
荟萃了文化的魅力。

⊕ 南美洲门户

哥伦比亚位于南美洲大陆西北部，周边相邻的国家有委内瑞拉、巴西、厄瓜多尔、秘鲁和巴拿马。哥伦比亚拥有极其优越的地理位置，它北临加勒比海，西临太平洋，是南美洲唯一拥有北太平洋海岸线和加勒比海岸线的国家。它是沟通南、北美洲的枢纽，是南美洲的门户。

哥伦比亚国土大体可以分为四部分：由安第斯山脉和山脉中间的山谷低

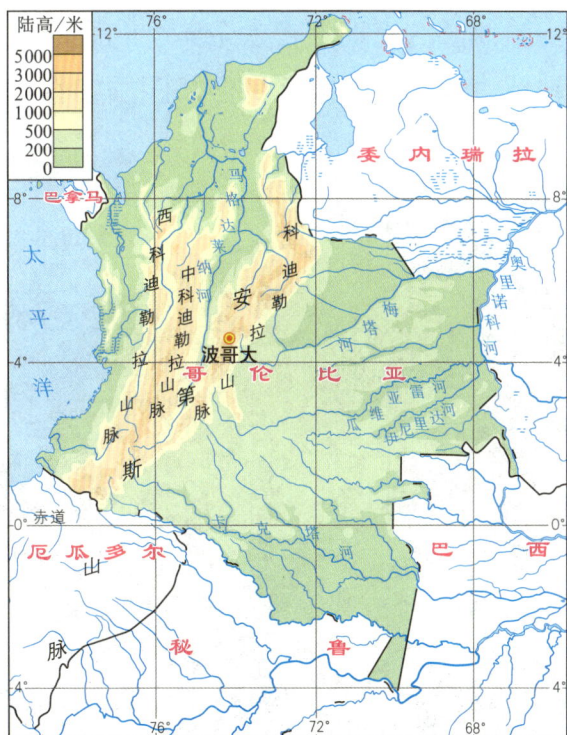

▲ 哥伦比亚地形示意图

地组成的安第斯山区、加勒比海沿岸低地、太平洋沿岸低地和东部大平原。

哥伦比亚的人口分布并不均匀，人口多集中在西部山区和北部沿海地区，还有首都波哥大地区。

哥伦比亚环境优美，气候宜人，自然风光与人文风情相得益彰。这里有雄伟的安第斯山脉、茂盛的热带雨林、美丽的热带海滩、独特的古老建筑群，还有风靡全球的哥伦比亚咖啡，这些都使哥伦比亚魅力十足。

⊕ 南美洲的"雅典"

首都波哥大是哥伦比亚最大的城市，位于该国中部地区安第斯山脉北部的高地上，是个典型的高原城市。因此，虽然波哥大纬度较低，位于热带地区，但却四季如春，终年凉爽，是一个十分宜居

▲ 波哥大市区

△ 波哥大很多建筑墙壁上绘有各式涂鸦，夸张、荒诞的表现手法让人们叹为观止。

△ 波哥大老城里保存了许多古老的建筑，如纪念南美洲解放者西蒙·玻利瓦尔的玻利瓦尔广场，建于 1823 年的新古典主义风格的波哥大主教堂。波哥大主教堂是玻利瓦尔广场旁历史最悠久的建筑，也是整个哥伦比亚最大的教堂。上图为玻利瓦尔广场。

的城市。

波哥大历史悠久，文化底蕴深厚。印第安人在这里建立了巴卡塔古城；殖民时期，这里成为西班牙在南美洲统治的中心地带之一；哥伦比亚独立后，波哥大以众多历史古迹蜚声于世，有"伊比利亚文化之都"之称，也被人们誉为南美洲的"雅典"。

⊕ 黄金之国

哥伦比亚素有"黄金之国"的美称，其黄金开采历史悠久，加工工艺精良。

在哥伦比亚，以"黄金"命名的地名数见不鲜，如黄金机场、黄金湖，以及闻名遐迩的黄金博物馆。黄金博物馆位于波哥大市中心的圣坦德尔公园内，是目前全世界最大的金器博物馆。馆内拥有数万件

瓜塔维塔湖距首都波哥大约 56 千米。相传古时印第安人在举行祭祀活动时，会将珠宝、黄金等投入湖中，作为献给众神的祭品，因此该湖又名"黄金湖"。

图为哥伦比亚黄金博物馆。馆内收藏着哥伦比亚各个时期的 3 万多件黄金制品。

制作精良的黄金制品，它们主要是举行宗教仪式所用的器具和人们的日常饰品。部分贵重的藏品则陈列在"黄金大厅"里，在灯光的照射下，金灿灿的器皿闪烁着炫目的光芒，把整个展厅映照得犹如一座黄金宫殿。

✛ 绿色的金子

哥伦比亚自然环境优越，物产富饶，其咖啡以上乘的品质和独特的口味著称于世，享誉全球，被誉为"绿色的金子"。

咖啡最适宜生长在 30°N ~ 30°S、海拔 1200 ~ 1800 米的火山灰土壤中，而且全年无霜、雨量充足也是其生长所需的自然条件。哥伦比亚恰好拥有种植咖啡的完美地理条件。此外，由于独特的地理条件，哥伦比亚咖啡一年有两次收获季：一次在春季，另一次在秋季。

⋀ 景色宜人、郁郁葱葱的咖啡种植园

15 玻利维亚：南美洲屋脊

立南美之巅，
拥山水奇景，
藏海量矿产。

⊕ 南美洲屋脊

玻利维亚位于南美洲的中部，是南美洲大陆仅有的两个内陆国之

一。东北部的巴西、南部的巴拉圭和阿根廷、西部的智利和秘鲁将玻利维亚紧紧包围在南美大陆的中央。

玻利维亚地势西高东低。西部属安第斯山区，以高原、山地为主，地形起伏大，雪峰连绵。从西部山区向北、向东，地势急剧下降，经过中部的山间谷地，就是一片广袤的平原。玻利维亚是世界上平均海拔最

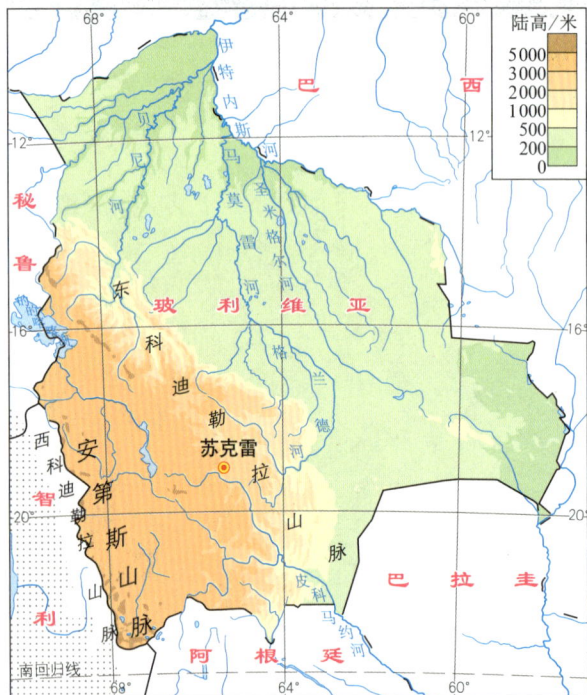

∧ 玻利维亚地形简图

探秘美洲

△ 玻利维亚政府、议会所在地——拉巴斯

△ 苏克雷——玻利维亚法定首都，已被列入《世界遗产名录》，是了解南美洲历史的窗口。城内许多建于 16 世纪的古老建筑完好无损，大部分建筑为白色墙面，因此苏克雷又被称为"白城"。

南美洲

高的国家之一，被称为"南美洲屋脊"。

⊕ 高原圣湖

的的喀喀湖是南美洲面积最大的淡水湖泊，秘鲁和玻利维亚两国各拥有其一部分。的的喀喀湖坐落于安第斯山脉间的一处盆地中，湖泊周围雪山环绕，冰雪融水源源不断地流进湖里。深蓝色的湖泊像是被上帝遗落的一颗宝石，因此有"高原明珠"之誉。

的的喀喀湖还是印加文明的发源地之一，被印第安人奉为"圣湖"。

的的喀喀湖湖边芦苇丛生，湖中岛

▶ 湖边印加文明遗迹

▲ 迷人的的的喀喀湖

∧ 的的喀喀湖上芦苇岛、芦苇房、芦苇船遍布，
一切浑然天成，构成了一幅人与自然和谐相处的
美丽画卷。

❯ 由于海拔高，紫外线强烈，当地土著肤色黝黑。

屿星罗棋布。很久以前，当地土著——乌罗族人为了躲避战乱，纷纷
以湖中岛屿为家。更有意思的是，有些岛是在水面上游荡的人造岛屿。
人们用当地特有的香蒲草建造出了"漂浮岛"，并在岛上用芦苇建造了
房子，还制成了香蕉状的芦苇船。

⊕ 天 空 之 镜

　　世界上总有一些地方，让人"一见钟情"，沉迷于它的独特魅力。
被誉为"天空之镜"的乌尤尼盐沼，就是这样的一个地方。

　　乌尤尼盐沼是世界上最大的盐沼，面积约 10582 平方千米。它是
世界上最变化多端的盐沼，随着阳光的变化，它每时每刻都在更换着

∧ 大量的盐平铺在地上，似雪非雪。

不同颜色的外衣，美得令人惊叹。

那么，这么神奇的盐沼是怎么形成的呢？

在安第斯山脉受板块碰撞挤压而形成的过程中，部分海水进入陆上盆地，发育为咸水湖。之后湖水逐渐干涸，形成盐沼。现在乌尤尼盐沼的表面覆盖着厚度为几十厘米到几米之间的盐壳。

降雨之后，广袤无垠的盐沼会有一层薄薄的积水，盐湖立刻就变成了一面巨大的镜子，映出天空的模样，就像童话里的仙境一样！而在晴朗的夜晚，当满天繁星布于穹顶时，你的脚下也是无尽的星辰，又仿佛飘在银河里……

除了巨大的旅游价值，乌尤尼盐沼的矿产资源更加惊人：在那白得耀眼的盐滩下，还隐藏着巨大的金属矿产——锂。据报道，乌尤尼盐沼下的锂储量十分丰富，如果把锂矿资源开发出来，经济发展落后的玻利维亚的财富将可匹敌中东巨头——沙特阿拉伯。

探秘美洲

△ 漫步在乌尤尼盐沼，在一望无际的白色和蓝色世界里，人们感受到了世外桃源般的纯净与美丽。

专题2
安第斯山脉：世界上最长的山脉

南美洲大陆的脊梁，
印第安文明的摇篮，
旅游爱好者的天堂。

✛ 南美洲的脊梁

在南美大陆的西部，一座高大的山脉仿佛一条巨龙，将狭窄的西部沿海地区与大陆其他地区分隔开来。安第斯山脉绵延超过 8000 千米，跨越 7 个国家——委内瑞拉、哥伦比亚、厄瓜多尔、秘鲁、玻利维亚、智利和阿根廷。安第斯山脉是科迪勒拉山系的重要组成部分，

⋀ 安第斯山脉航拍图

也是世界上最长的山脉，素有"南美洲脊梁"之称。

安第斯山脉是一列极其复杂的山脉，由一系列平行山脉和横断山体组成，间有高原和谷地，山势雄奇，绚丽多姿。最高峰是位于阿根廷境内的阿空加瓜山，海拔 6960 米。

⊕ 冰火交融

安第斯山脉位于环太平洋火山、地震带上。许多山峰都是火山，且山顶终年积雪。

科托帕希火山位于厄瓜多尔首都基多以南 50 多千米处，因其海拔 5000 米以上有大量冰川分布，因此火山喷发时，最大的危险是流向周边的巨大冰流。

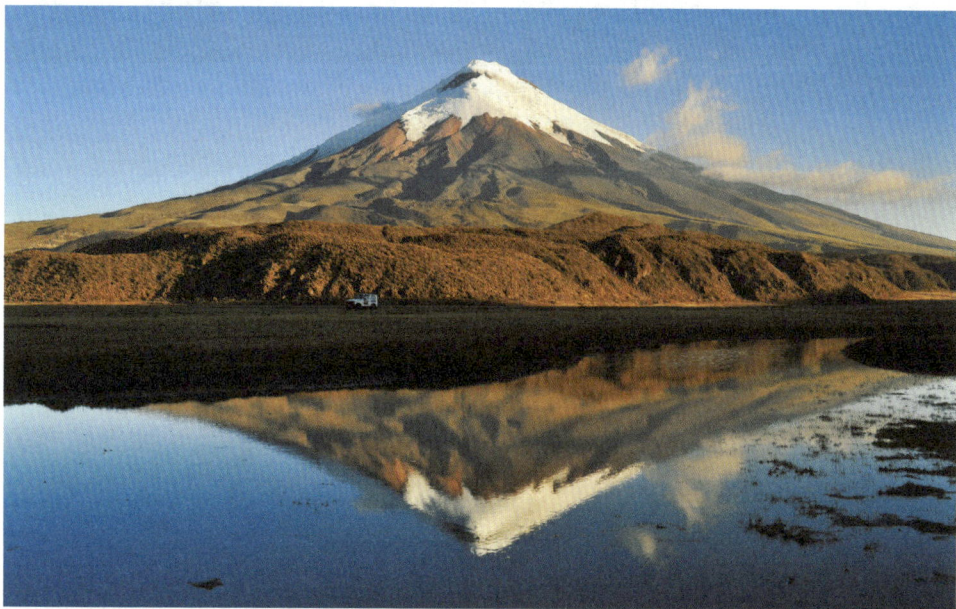

🔺 科托帕希火山海拔 5897 米，是世界上最高的活火山之一。由于山体庞大、靠近厄瓜多尔首都基多，它也被视作当地最危险的活火山。作为著名旅游景点，科托帕希火山山顶终年积雪，吸引了不少登山爱好者。

南美洲

⋀ 菲茨罗伊山位于巴塔哥尼亚高原，坐落在智利和阿根廷的边界上。

⊕ 气象万千

　　由于安第斯山脉纬度跨度广，地形起伏大，山脉的北段、中段、南段气候差异显著。

　　北段主要位于哥伦比亚与委内瑞拉境内。由于地处热带，温暖多雨，海拔高，山脉的气候垂直差异明显，且山脉的东西两坡气候显著不同。

　　山脉中段主要分布在秘鲁和玻利维亚境内。这里有宽广的山间高原和谷地，由北向南降水量减少，形成了干旱的气候和大范围的冰川。

　　从智利到阿根廷是山脉的南段。由于纬度更高，该区域的雪线更低，冰川比安第斯山脉中段的冰川更稳定，分布更广。

⊕ 资源宝库

因纬度跨度大，各地气候差异明显，安第斯山脉以其丰富的生物多样性而举世闻名。

↑ 安第斯秃鹰是安第斯山脉的象征，也是玻利维亚、智利、哥伦比亚和厄瓜多尔的国鸟。安第斯秃鹰在安第斯文化中扮演着重要的角色。

在高原和山区，植被多为灌木、草本、小乔木和栽培植物，如马铃薯、西红柿等。桉树、松树和几种仙人掌在安第斯山脉的高地也很常见。

安第斯山脉是野生动物的家园。这里大约

↑ 在安第斯山脉的东坡，生长着一种高大的柱状仙人掌。

南美洲

▲ 安第斯山脉一处铜矿的鸟瞰图

2/3 的野生动物是安第斯地区特有的，如美洲驼、濒临灭绝的安第斯熊、犰狳和美洲狮，以及体型巨大的安第斯秃鹰等。

此外，安第斯山区还有着丰富的矿产资源。